DISCOURS

PRONONCÉ

PAR M. DUPIN

AU COMICE DE VARZY.

DISCOURS

PRONONCÉ

PAR M. DUPIN

PRÉSIDENT DU COMICE AGRICOLE DE L'ARRONDISSEMENT DE CLAMECY

DANS LA RÉUNION DE CE COMICE

TENUE A VARZY

le dimanche 2 septembre 1860.

MESSIEURS ET CHERS COMPATRIOTES,

Suivant l'usage dont notre Comice a le premier donné l'exemple, nous avons inauguré nos travaux en allant assister à l'office divin, et rendre nos actions de grâces au Dieu créateur dont l'agriculture vient de recueillir les bienfaits.

C'est ce Dieu, père de tous les hommes, dont la voix s'est fait entendre au cœur de notre Empereur, lorsqu'à la première nouvelle du massacre des chrétiens du Liban, partageant comme Chef de l'État une indignation qu'éprouvait notre Nation tout entière, il a pris aussitôt la résolution d'aller réprimer ces crimes d'un fanatisme farouche et sanguinaire; — de venger les outrages faits à l'humanité, qui, dans ce malheureux pays, n'a trouvé pour soutien que le magnanime Abd-el-Kader; — de rendre leur énergie aux principes du droit des gens violés à l'encontre des consulats européens, — et de montrer à l'Orient que le bras de la France n'a pas cessé d'être un bras protecteur.

L'appel fait par notre gouvernement aux autres puissances (1) a été entendu; les exceptions dilatoires étaient hors de saison, et ne pouvaient pas prévaloir (2); l'expédition a été résolue d'un commun accord (3). — Aussitôt, notre contingent de soldats, accompagné de sœurs de la charité, a mis à la voile. Je ne sais qui nous aidera; mais si nous ne sommes pas les seuls, nous aurons toujours l'honneur d'avoir été les premiers!

Expédition généreuse! dans laquelle les puissances contractantes n'entendent poursuivre aucun avantage exclusif et personnel, mais dont le but final doit être pourtant d'obtenir que, « conformément aux promesses solennelles du successeur de Mahomet, il soit adopté des

---

(1) Lettre de M. Thouvenel, ministre des affaires étrangères.

(2) Le mandement de l'évêque de Montpellier y fait allusion, en recommandant une quête pour les chrétiens du Liban : « Il faut être ce que nous autres Français ne sommes pas et n'avons jamais été, pour s'ingénier ainsi à chercher le meilleur profit d'un mercantilisme odieux, en faisant le désaccord entre les puissances européennes, et en *ajournant* la répression de telles infamies, au risque de voir s'épuiser dans les veines d'un peuple chrétien le peu de sang que ses bourreaux y ont laissé. »

(3) Protocole du 3 août.

mesures *sérieuses et efficaces* pour la sécurité future et l'amélioration du sort des populations chrétiennes de tout rite dans l'empire ottoman (1). »

Ainsi nos soldats, *partant pour la Syrie,* vont reporter en Orient le prestige désintéressé mais glorieux du nom français (2). Ce chant du départ, qui n'était qu'un refrain de famille, un romancero de chevalerie, devient désormais un chant national ; et, dans la traversée comme à leur retour, en songeant à la mère du Prince impérial, leur gracieuse Impératrice, et au Chef auguste qui les commandait si puissamment à Solferino, nos preux pourront chanter en chœur :

> Amour à la plus belle !
> Honneur au plus vaillant !

En même temps que l'Empereur donne ses soins à nos affaires extérieures, sa sollicitude n'est pas moindre pour ce qui intéresse la prospérité intérieure de la France, « son développement moral et l'accroissement de ses ressources, qui ont encore d'immenses progrès à faire » .— « Il y a là, écrivait-il naguère à son ambassadeur (3), — il y a là un assez vaste champ ouvert à mon ambition, et il suffit pour la satisfaire. » — Ainsi, la plus chère pensée

---

(1) Second protocole du 3 août.

(2) « Car partout aujourd'hui où l'on voit passer le drapeau de la » France, les Nations savent qu'il y a une grande cause qui le précède, » et un grand peuple qui le suit. » (Admirables paroles adressées par l'Empereur aux troupes du camp de Châlons, le 7 août.)

(3) Lettre du 27 juillet au comte de Persigny.

de l'Empereur, son grand but, est « d'inaugurer une nouvelle ère de paix ».

L'Exposition agricole de 1860, opérée par ses ordres, a offert le plus beau spectacle et les plus brillants résultats.

Par les soins d'un Ministre habile à saisir et à seconder les conceptions utiles, et avec le concours actif et éclairé des membres de la Société impériale et centrale d'agriculture de France, le Palais de l'Industrie a vu réunir dans son enceinte et à ses abords plus de 700 étalons et juments de toute race (1), avec un appoint de quelques sujets les plus estimés de l'espèce asine et mulassière; — dans l'espèce bovine, 1,443 sujets, parmi lesquels se faisait remarquer par toutes les qualités qui la recommandent et la distinguent, notre belle race nivernais-charollaise (2) ; — dans l'espèce ovine, 1,125 ; — dans l'espèce porcine, 235 ; — dans les animaux de basse-cour, 921 lots.

Les produits de l'agriculture exposés dans les travées de l'étage supérieur, offraient pour la France 3,660 échan-

---

(1) Des questions importantes ont été agitées au sujet de l'espèce chevaline : — sur la trop grande prédilection accordée aux chevaux de course, — sur la remonte, — le régime des haras et la jumenterie. — Ces questions, soulevées à l'occasion d'une pétition adressée au Sénat, ont donné lieu à un rapport remarquable de M. le général marquis de Grouchy, et à des discours de plusieurs sénateurs.

(2) Nos compatriotes ont obtenu bon nombre de prix. — Pour les chevaux, MM. de Champigny, Chapuis et Leclerc de Juvigny; — et pour la race bovine, MM. Bellard, Bernard frères et Lequien, les comtes de Bouillé et Benoît d'Azy, et MM. Doury, Audebal et Tiersonnier.

tillons, et pour les colonies, y compris Alger, 3,201; en tout 6,861 collections diverses.

Les machines et instruments agricoles, rangés dehors comme un parc d'artillerie, comprenaient 3,976 articles.

On a vu avec satisfaction à quel point l'attention et le génie des mécaniciens avaient, dans ces derniers temps, multiplié les inventions et les perfectionnements, pour offrir aux agriculteurs *ces auxiliaires* puissants qui, à mesure que leur usage se répandra, suppléeront au manque de bras dont on se plaint généralement, et fourniront à ceux qui sauront les employer avec intelligence des agents dociles, qui ne répondent jamais d'impertinences à leurs maîtres, et qui ne menacent pas de quitter la besogne au moment où elle presse davantage et où ils sentent qu'on a le plus besoin d'eux.

L'Empereur a visité a plusieurs reprises l'Exposition. — Les chevaux ont été de sa part l'objet du plus sérieux examen. — Dans sa visite des machines agricoles, on l'a vu s'arrêter devant tout ce qui méritait de fixer son attention, distribuer à propos les éloges et les encouragements, et prescrire immédiatement d'acheter pour ses fermes modèles celles qui paraissaient les plus ingénieuses et dont on pouvait attendre le plus d'utilité.

Entre toutes les machines, celles qui ont excité au plus haut degré l'intérêt et la curiosité du public, ce sont les *faucheuses* et les *moissonneuses*.

Lorsqu'on a parlé pour la première fois, en France, il y a quelques années, de la possibilité d'employer dans les travaux des champs des machines capables de labourer la terre, de faucher les prés, de moissonner les céréales, on n'a guère rencontré que le doute et l'incrédulité.

Mais depuis, les faits ont parlé. Aujourd'hui les *mois-*

sonneuses et *faucheuses* ont reçu en Angleterre comme en France une telle sanction pratique, qu'elles commencent à être hautement appréciées. Pour convaincre les incrédules et tous les Thomas de l'agriculture, qui, avant de croire, veulent avoir vu, l'Empereur a ordonné que les *faucheuses* amenées à l'Exposition fussent admises à fonctionner et à concourir dans sa ferme impériale de Vincennes. — J'ai assisté à ce concours, et j'ai été émerveillé de la régularité et de la rapidité avec laquelle les principales machines, celles qui ont obtenu les premiers prix, ont prouvé qu'elles les avaient bien mérités.

Le retard que les pluies ont apporté cette année aux travaux de la moisson, n'avait pas permis à cette époque d'essayer les *moissonneuses*. Mais l'Empereur a voulu que l'expérimentation fût reprise en sa présence, dans les premiers jours d'août, sur son domaine de Fouilleuse. Arrivée à trois heures sur le terrain, Sa Majesté y est restée jusqu'à cinq, et elle a suivi à différentes reprises et avec l'intérêt le plus marqué et le plus soutenu, le travail de chaque machine. Ces expériences ont été continuées pendant plusieurs jours d'une manière satisfaisante, en présence et d'un nombreux public et d'un savant jury dont les conclusions ont été entièrement favorables.

Ainsi l'on peut dire que le problème est résolu; et, moyennant quelques perfectionnements entrevus et signalés, il est permis de croire que ces ingénieuses machines ne tarderont pas à entrer dans la pratique et à se généraliser.

Le traité de commerce avec l'Angleterre a fait assez de bruit!... Qui de vous n'en a entendu parler?... Je ne veux point analyser ici tout ce qu'ont dit les uns pour l'exalter avec enthousiasme et en prédire les plus heureux résultats; — et d'autres, pour en déduire avec amertume les pronostics les plus sinistres. Les uns et les autres, amis du système protecteur et libres échangistes (1), ont été certainement trop loin, car la vérité n'est jamais dans les extrèmes. Pour moi, je fais les vœux les plus sincères pour que les avantages qu'on se promet de cette hardie négociation surpassent les inconvénients qu'on en redoute.

L'agriculture, en tout cas, n'a point eu à concevoir les mêmes appréhensions que l'industrie. Quoique sœurs et souvent solidaires, leurs conditions d'existence ne sont pas les mêmes. Les charrues ne s'arrètent pas aussi aisément que les bobines des filatures. Nous tenons notre sol, nous le possédons en toute souveraineté, continuons à le bien cultiver. Entretenons et encourageons nos comices agricoles; imitons cet agriculteur émérite dont nous dé-

---

(1) Que messieurs les économistes de profession ne s'en irritent point trop. J'estime leur science à certains égards, mais sans partager leur engouement sur d'autres points, et je m'approprierais volontiers ces paroles que leur adressait un des leurs, dans leur propre journal, en disant : — « J'aime l'économie politique, et je crois très-sincèrement » aux services qu'elle a rendus, qu'elle rend, et qu'elle est appelée à » rendre. Mais je ne crois pas, comme on paraît trop le supposer » depuis quelques années, que *toute l'économie politique soit dans le* » *libre échange : c'est une des questions de la science, ce n'est pas* » *toute la science.* Si toute l'économie politique était là, elle n'aurait » plus de raison d'être du jour où le libre échange serait établi chez tous » les peuples; elle aurait alors fait son temps, et n'aurait plus d'objet. » (Lettre de M. Charles Paulmier, ancien député, insérée dans le *Journal des Économistes,* et reproduite dans le *Moniteur Industriel,* en juin 1860.)

plorons la perte récente (1), et qui, à tant de qualités éminentes qui l'ont fait estimer parmi nous, joignait le mérite de cultiver avec autant d'intelligence que de succès les beaux et bons domaines de Fly et de Thurillon. — Faisons comme lui : loin de nous relâcher, travaillons plus que jamais à augmenter la valeur et le produit de nos terres. — Sans redouter outre mesure la concurrence des blés étrangers, ne nous mettons pas dans leur dépendance; mais tâchons de produire chez nous, et pour le peuple de France, non-seulement le nécessaire, mais l'excédant tant que nous le pourrons, — et laissons à l'Angleterre, avec ses nombreux vaisseaux, le plaisir d'acheter tous les ans pour 200 millions de grains à l'étranger pour compléter l'approvisionnement de ses citoyens.

Toutefois, je ne puis m'empêcher de faire devant vous une réflexion sur la singulière condition que certains docteurs voudraient faire à notre agriculture. C'est au moment où tout renchérit autour d'elle, quand le prix de la main d'œuvre a presque doublé, qu'on la croit obligée de tout fournir *à bas prix* à ceux qui lui vendent tout *au rencher*. Cela me rappelle l'anecdote d'un candidat qui, parlant à des électeurs moitié agriculteurs et moitié citadins, flattait les uns et les autres en leur disant, qu'il faudrait

Nous donner du blé cher, et du pain bon marché.

----

(1) M. Frottier, chevalier de la Légion d'honneur, mort à Varzy le 14 de ce mois, après avoir été quinze ans maire de cette ville, et pendant quinze autres années juge de paix du canton. — Excellent citoyen, véritable homme de bien, il a laissé après lui des regrets universels, que je partage vivement comme son parent et son plus ancien ami.

Cela ne peut pas être. N'est-il donc pas juste que l'agriculteur, propriétaire ou fermier, ait son prix de revient comme tout autre producteur, si on ne veut pas le décourager? — Que le travail ne manque pas, voilà l'essentiel. Avec de bons salaires, l'ouvrier aura toujours de quoi payer son pain. Mais *la vie à bon marché*, comme le prédisaient ces messieurs, est une formule chimérique (1). C'est un leurre que la nouvelle école a fait briller aux yeux du *consommateur*, comme jadis certains députés de l'opposition flattaient le *contribuable* en parlant sans cesse du dégrèvement de l'impôt, et des gouvernements à bon marché.... Au lieu de cette vie à bon marché, tout n'a pas cessé de renchérir après comme avant le traité. L'agriculture aussi en éprouve le contre-coup, et il faut pourtant bien que ceux qui cultivent la terre trouvent dans le rendement de ses produits de quoi payer l'impôt, le fermage, et nourrir leurs propres ouvriers, dont le labeur est si rude et la sobriété si parfaite.

Du reste, le gouvernement, qui aime l'agriculture et qui en est aimé, a parfaitement senti combien il importait de la rassurer contre les terreurs qu'on cherchait à lui inspirer: et c'est à cela qu'on doit attribuer différentes mesures qui ont signalé cette année les actes de la législature et de l'administration. — Par exemple:

1° La loi sur le *desséchement des marais communaux*, excellente partout où les terrains desséchés prouveront, par une plus-value notablement supérieure à l'argent qu'on y

---

(1) Voyez sur ce sujet (la vie *à bon marché*) un article très-spirituel et très-sensé de M. Saint-Marc Girardin, inséré, mais non sans peine, dans le *Journal des Débats* du 24 mars 1860.

aura dépensé, qu'ils méritaient réellement d'être desséchés.

2° Une autre loi sur le *reboisement des montagnes* (sauf certaines questions de dépaissance et de propriété) doit amener de bons résultats. Mais l'effet de cette loi (ainsi le veut la force des choses) ne se fera sentir que dans le lointain. Aussi lui a-t-on appliqué ce vers :

> Nos arrière-neveux lui devront cet ombrage.

3° La disposition législative qui a permis la *libre exportation des écorces*, consolera les bois de la dépréciation que la pénurie des forges et la concurrence immodérée de la houille menaçaient de faire peser sur ce grand végétal.

4° Il faut citer enfin, et principalement, l'annonce des grandes améliorations dans les voies de communication par terre et par eau; le rachat des canaux, l'abaissement ou même la suppression des tarifs de la navigation; et la confection de nouveaux chemins de fer dans les contrées qui en sont dépourvues et qui sont tenues par là dans un état d'infériorité.

Ce dernier point, Messieurs, nous intéresse trop pour ne pas nous y arrêter un instant.

La Nièvre, située au point le plus central de la France, se plaignait depuis longtemps d'avoir été délaissée dans le tracé des chemins de fer de Paris à Lyon par Dijon, et de Paris à Moulins par Bourges. Ces deux chemins décrivent autour d'elle deux demi-cercles qui semblent n'avoir été préférés que pour éluder la ligne droite, à laquelle cependant était due la préférence, si l'intrigue et de misérables questions d'influence parlementaire et de majorité dans les chambres n'en avaient décidé autrement.

La députation de la Nièvre avait vainement réclamé

contre cette injustice. Depuis 1852, et à différentes reprises, le Conseil général de la Nièvre avait adressé au gouvernement de vives instances par des délibérations pressantes dont son Président (le baron Charles Dupin) s'était constitué le rédacteur et l'organe.

Ces démarches n'avaient pas été stériles; car déjà en 1859 le gouvernement avait arrêté la confection d'un chemin qui prolongeait l'embranchement d'Auxerre jusqu'à Clamecy.

Mais cette résolution est demeurée sans effet, par la résistance du représentant de la compagnie de Lyon à la Méditerranée, qui ne se croyait pas suffisamment autorisé à conclure.

En 1860, à la première nouvelle de la confection d'un *réseau complémentaire des chemins de fer*, toutes nos espérances se sont ranimées! L'Yonne s'est émue autant que la Nièvre; Auxerre et Nevers se sont tendu la main; la ville de Troyes a manifesté le désir d'entrer en ligne avec nous. Des comités locaux se sont établis dans la Nièvre, l'Yonne et l'Aube; les conseils municipaux ont émis des vœux unanimes; et un Comité central s'est réuni à Auxerre sous la présidence d'un intelligent et sage administrateur, M. le baron Martineau-Deschesnez.

Ce Comité central a arrêté qu'une députation prise dans les trois départements serait envoyée à Paris « pour solli» citer la haute protection de M. le Ministre des travaux » publics, et faire dans l'intérêt de l'œuvre commune toutes » les démarches nécessaires. »

La députation, composée de MM. les maires d'Auxerre, Nevers, Troyes, Clamecy et Avallon, a été présentée le 22 juillet à l'audience du ministre par MM. Dupin et Larabit, sénateurs; Lepeletier d'Aunay et Richard de Montjoyeux;

députés de la Nièvre, d'Ornano et Lecomte, députés de l'Yonne.

Le ministre nous a fait l'accueil le plus bienveillant; il nous a rappelé que déjà le chemin de fer d'Auxerre à Nevers avec embranchement sur Avallon, avait fixé son attention; et que, par une décision récente, à la suite d'un rapport de M. l'inspecteur général Busche, il avait transmis le dossier au Conseil supérieur des ponts et chaussées pour avoir son avis. Le ministre a ajouté que l'utilité publique du chemin projeté lui semblait établie, et que c'était pour lui la question *principale*. Une fois tranchée, la question *secondaire* de concession serait facilement, et quoi qu'il arrive, heureusement résolue. — Quant à la ligne d'Auxerre à Troyes, le ministre a paru y prendre un égal intérêt; mais il a fait observer que les documents sur ce point étaient moins complets, et il a réclamé des renseignements nouveaux qui ne manqueront pas de lui être fournis prochainement.

Depuis cette audience, le Conseil supérieur des ponts et chaussées ayant, en effet, émis une opinion favorable, le ministre a ordonné que les études seraient complétées sur toute la ligne, et pour ces études il a commis M. Adolphe Boucaumont, dont le talent et le zèle sont également connus.

Indépendamment de ces études scientifiques, des études vont être aussi faites sur la question de trafic, et leur résultat prouvera que Paris a autant d'intérêt que nous au prompt établissement de cette voie accélérée. Car, à l'aide de ce chemin, la Capitale sera mise en contact immédiat avec un de ses plus grands centres d'approvisionnement en bois, charbons, écorces, vins, bestiaux, produits métallurgiques, et en pierres à bâtir de toute grandeur et de la plus excellente qualité.

M. Delangle, que la députation a aussi visité, lui a promis, comme enfant de la Nièvre, son concours pour obtenir la prompte exécution du projet.

Voilà, mes chers Concitoyens, où nous en sommes sur ce point si important pour l'avenir de notre pays. Ce tronçon, une fois exécuté, ouvrira un trajet en diagonale au cœur de la France, il ralliera les deux grandes lignes de Paris à Lyon, de Paris à Clermont, et il mettra l'arsenal central de Bourges en prompte et facile communication avec la Champagne par Nevers, Guérigny, Auxerre et Troyes : — voilà ses caractères d'utilité générale. Tout nous fait donc espérer que la question recevra prochainement une solution satisfaisante et définitive.

Vive l'Empereur !

Paris. Typographie de Henri Plon, imprimeur de l'Empereur, rue Garancière, 8.